THÉÂTRE TOULOUSAIN.

LE COMTE DE GOWRIE,

DRAME

EN TROIS ACTES ET EN PROSE,

Par M. J. Latour

(de Saint-Ybars.)

Représenté pour la première fois sur le théâtre de Toulouse,

LE 16 MAI 1836.

TOULOUSE,

J.-B. PAYA, IMPRIMEUR-LIBRAIRE,

HÔTEL DE CASTELLANE.

M DCCC XXXVI.

LE
COMTE DE GOWRIE,

DRAME

EN TROIS ACTES ET EN PROSE,

PAR M. I. LATOUR

(de Saint-Ibars.)

TOULOUSE,

J.-B. PAYA, IMPRIMEUR LIBRAIRE,

HÔTEL DE CASTELLANE.

1836.

LE COMTE DE GOWRIE.

Sire, voilà les trésors que les Ruthven m'ont laissés...

LE COMTE DE GOWRIE.

DRAME EN TROIS ACTES ET EN PROSE.

PERSONNAGES.		ACTEURS.
JACQUES VI,	Roi d'Écosse........	MM. Grandel.
JOHN RUTHWEN,	Comte de Gowrie......	Jenin.
MARIE,	jeune Écossaise........	Mme Jolly.
WILLIAM,	vieil Écuyer des Ruthwen.	Auzet.
STUART,	Favori du Roi.......	Eugène.
MACBURTON,	Ministre presbytérien. . . .	Milan.
D'ARRAN,		Frédéric.
MURRAY,	Courtisans.	Illac.
DOUGLAS,		Lannes.

Dames, Pages, Écuyers, Gens du peuple, Soldats.

La scène se passe en Écosse.

ACTE PREMIER.

Le théâtre représente l'intérieur de la Ferme au Bois. On voit au fond les hautes terres d'Écosse, à travers deux grandes croisées. L'escalier, qui est pratiqué en dehors, vient aboutir à une porte placée entre les deux fenêtres.

SCÈNE I.

MARIE.

(Elle regarde tristement vers la campagne).

Voilà deux jours qu'il est parti; deux jours que tous les hommes de la ferme courent sur ses traces, et je n'en reçois aucune nouvelle... Ah! comte de Gowrie, vous ne m'avez pas jugée digne de partager votre malheur, parce que je suis une pauvre fille des montagnes, et rien ne m'aurait empêchée de vous suivre cependant, moi, sans parens, sans amis ; rien. Maintenant, il fuit pour échapper à ses bourreaux, il supporte la fatigue et la faim, il souffre... et je ne suis pas là.

(On frappe à la porte du fond, elle va l'ouvrir)

Si c'était lui.

SCÈNE II.

MARIE, WILLIAM.

(William entre dans la ferme).

MARIE.

Que voulez-vous?

WILLIAM.

Ferme ta porte.

MARIE.

Je ne vous connais pas.

WILLIAM.

Tu vas me connaître.

MARIE, à part.

Si c'était un espion ?

WILLIAM.

Le proscrit qui se tenait caché dans cette ferme où est-il maintenant ?

MARIE.

Je ne sais de qui vous parlez.

WILLIAM.

Tu te défies de moi, jeune fille, c'est bien, mais écoute : je connais le dernier des Ruthwen, je hais plus que toi ses persécuteurs, plus que toi les assassins de son père et de son oncle.

MARIE.

Qui êtes-vous ?

WILLIAM.

William, l'écuyer, l'homme de confiance, l'ami du comte son père. Dès que milord m'a fait connaître son retour de France, j'ai quitté l'île d'Arran, où je m'étais retiré, me voici prêt à le servir.

MARIE.

Je ne connais pas William.

WILLIAM.

Encore !... Je n'ai qu'un mot à dire pour te rassurer ; ce mot, je le dirai. Ton père mon vieil ami, dut avant que de mourir te dévoiler un secret, dont nous étions tous deux les seuls dépositaires ?...

MARIE.

Parlez...

WILLIAM.

Si tu le veux Marie, je te désignerai la place où nous cachâmes le trésor des Ruthwen, il y a dix ans.

MARIE.

Ah ! vous êtes William.

WILLIAM.

Me parleras-tu du comte maintenant ?

MARIE.

Dès qu'il apprit en France la mort de Lennox, dernier régent du royaume, de ce Lennox qui persécuta si cruellement sa famille, Milord pensa que le moment était venu de retourner en Écosse.

WILLIAM.

Il ne connaît pas ses ennemis.

MARIE.

Notre jeune seigneur espérait tout de Jacques VI, qui allait gouverner par lui-même. Il arrive, qu'apprend-il ? lord Stuart, fils du comte de Lennox, était ministre et favori du roi. Que faire ? Il fallait être reconnu par ses vassaux et les amis de sa famille, avant que de se présenter à la cour.

WILLIAM.

Dieu soit loué !

MARIE.

Milord ne connaît pas les chefs du clan, et, pour se montrer, il vous attendait, lorsqu'on est venu nous prévenir que les shérifs et les juges de la province se préparaient à le faire poursuivre. Milord n'a pas voulu m'exposer aux persécutions de ses ennemis, et depuis deux jours...

WILLIAM.

Rassure-toi, Marie : il trouvera partout un asile. J'ai parcouru tous les foyers du clan, et partout on l'aime. Partout le récit de ses infortunes a rallumé dans le cœur des montagnards leur vieil amour pour les Ruthwen, et lorsqu'ils apprendront qu'un danger le menace, tu verras se dresser les longues lances, et les claymores luire au grand jour.

MARIE.

Dieu vous envoie.

SCÈNE III.

Les Mêmes, MACBURTON.

MACBURTON.

Je vous cherchais Marie. Il faut que je vous parle, il y va de votre liberté, de votre honneur peut-être.

MARIE.

Parlez, sir Macburton, parlez.

MACBURTON.

Deux mots à vous seule.

MARIE.

Vous voyez un ami de mon père.

MACBURTON.

Apprenez donc que le coroner sait que vous donnez asile à un proscrit, et que le roi lui-même est instruit de tout.

MARIE.

Le roi !...

MACBURTON.

Faut-il s'en étonner ? la cour habite depuis quelques jours le château de Falklan ; le roi vous a vue souvent à la chasse, il vous a trouvée belle ; et dès-lors, il a dû s'enquérir de vous, des vôtres et de ceux que vous admettez près de vous ; vous vous en souvenez Marie, je m'opposais à ce qu'on reçût ici des vagabonds ; mais on ne voulut pas m'entendre : cependant, mon titre de tuteur et ma qualité de ministre, me rendaient digne d'être écouté.

MARIE.

Mais encore ?

MACBURTON.

Je sais tout par un écuyer du roi, qui abandonne souvent la chasse pour venir chez moi, boire des vins de France. Le roi vous croit ma nièce, ou ma pupille, et si je n'étais pas ministre presbytérien, il vous aurait déjà fait subir son amour.

MARIE.

Grand Dieu !

MACBURTON.

En un mot, le proscrit a été forcé de nous quitter, parce que le roi l'a soupçonné d'être son rival. Et maintenant, à l'heure où je vous parle, il le fait ursuivre dans la forêt voisine, ou le malheureux tait retiré.

MARIE.
Que dites-vous ?

MACBURTON.
Que c'est fait de lui, qu'on vient de mettre sur s traces toute une meute de chiens dressé, à pour ivre les malfaiteurs.

MARIE.
Allons le secourir.

WILLIAM.
J'y cours...

MACBURTON.
(Il arrête Marie) Restez.

SCÈNE IV.
MACBURTON, MARIE.

MACBURTON.
Vous voilà toujours avec ces manies de bienfaince.

MARIE.
Malheureuse !... Je ne puis rien faire pour lui.

MACBURTON.
Songez à vous. La reconnaissance est chose si rare 'il faut dans la charité se borner au verre d'eau ide de l'évangile. Ecoutez-moi.

(Il s'assied tandis que Marie regarde par les fenêtres).
J'ai trouvé le moyen de vous soustraire aux pourtes de sa majesté; vous le savez, Marie, la réforme us condamne au mariage en même temps que la grégation des lords dépouille le clergé, ce qui est e maladresse; car enfin on n'a jamais plus grand oin de vivre de l'autel que lorsqu'on a une famille nourrir.

MARIE.
(Elle regarde toujours à la fenêtre).
William n'arrivera pas assez tôt.

MACBURTON.
Vous comprenez Marie. Je suis célibataire et mitre, ce qui me fait ressembler à un prêtre romain. st une immoralité. D'autre côté je suis aubergiste célibataire, ce qui nuit à mon industrie. C'est une ladresse. Mettons terme à tous ces embarras. J'ai omis à votre père mourant de vous protéger. Eh bien ! ir mieux vous protéger je vous épouse.

MARIE.
(Elle voit venir le comte).
Voici le comte ! on le poursuit peut-être, appelez s gens et les miens, il faut le défendre et mourir ur le sauver. Sir Macburton, ce proscrit, est le fils nos anciens maîtres, le dernier des Ruthwen; et le n tout entier va se soulever pour lui.

(Elle s'élance vers la porte).

MACBURTON.
Providence !...

SCÈNE V.
LES MÊMES. RUTHWEN.
(Ruthwen entre avec précipitation et sans trouble).

MARIE.
Milord vous êtes poursuivi ?

RUTHWEN.
Marie je viens te dire un dernier adieu.

MARIE.
Je ne vous quitte plus.

RUTHWEN.
Enfant !... Sir Macburton je vous prie de veiller sur nous. C'est un dernier service.

MACBURTON.
Volontiers. Milord.
(A part).
Un Ruthwen... Elle ne l'épousera pas.
(Il sort).

SCÈNE VI.
RUTHWEN, MARIE.

RUTHWEN.
Depuis que je t'ai quittée Marie, pas un instant de repos : traqué comme une bête féroce de forêts en forêts, je ne puis trouver un asile dans ces lieux où mes pères ont régné. La terre natale me repousse ; il faut s'éloigner. Je quitte la province.

MARIE.
L'Ecosse peut-être ?...

RUTHWEN.
Oh ! non. Je suis revenu de l'exil pour venger mes nobles parens, assassinés par Lennox ; je punirai le fils des crimes du père. Je suis revenu pour déposer les cendres des Ruthwen dans les tombeaux de Gowrie, et leurs restes sacrés y descendront.

MARIE.
Vos ennemis sont puissans, Milord.

RUTHWEN.
Puissans par les honneurs et l'or ; je le suis par la volonté. Je découragerai la persécution, je fatiguerai la haine. Les forêts de l'Ecosse sont obscures et profondes ; ils viendront m'y poursuivre, et moi toujours prêt à la vengeance je m'enfoncerai dans le cœur des montagnes comme une épée dans son fourreau pour en sortir plus terrible. Oh ! malheur à ceux qui m'ont persécuté, car mon âme s'est retrempée dans les revers qu'ils avaient préparés pour m'abattre.

MARIE.

Fuyons ensemble.

RUTHWEN.

Marie !... Je vais peut-être à l'échafaud.

MARIE.

Non : au château de Gowrie.

RUTHWEN.

Que dis-tu ?

MARIE.

William est de retour.

RUTHWEN.

William !

MARIE.

Il a vu tous les amis de votre maison ; il leur apprend maintenant votre retour et vos dangers. Bientôt, Milord, bientôt vous entendrez le tocsin sonner dans la cité de Perth, et les cors des chasseurs retentir dans les Highand.

RUTHWEN.

William de retour... et les montagnards se soulèvent et ces braves chasseurs qui me virent enfant s'arment pour moi... Oh ! je ne leur dirai pas qui je suis. Non. Mais je vais marcher à leur tête, porter les premiers coups, et lorsqu'ils auront vu comment je sais me battre, ils me connaîtront alors.

(Il va sortir quand Macburton l'arrête).

SCENE VII.

Les mêmes, MACBURTON.

MACBURTON.

Arrêtez, Milord, voici le roi.

MARIE.

Fuyons de ce côté.

MACBURTON.

Le roi, vous dis-je, et toute sa suite de pages, de veneurs et d'écuyers.

RUTHWEN.

C'est bien.

(Il s'assied).

MACBURTON.

L'ennemi de votre famille est avec lui.

RUTHWEN.

Lord Stuart !...

(Il se lève).

MARIE.

Venez.... Suivez-moi Milord.... Abandonnez-vous à notre dévouement.

RUTHWEN.

Ah ! lord Stuart vient ici !... Cet homme que je hais. Je ne le connais pas ; je reste. Devant des misérables qui m'auraient traité comme un malfaiteur, j'ai pu fuir, mais devant le roi, non. Je pourrais lui dire qui je suis ; je reste. D'ailleurs, c'est pour la troisième fois que Jacques VI vient ici. C'est pour vous qu'il vient, Marie ; je reste.

MARIE.

Ah Milord !...

RUTHWEN.

Je ne doute pas de votre amour, mais je soupçonne le roi de quelque mauvais dessein et je veux entendre ce qu'il vous dira.

MACBURTON.

On entre dans la ferme, Milord.

MARIE.

Je les entends... Sortez.

RUTHWEN.

Ne craignez rien, Marie. Je serai là.

(Ruthwen va sans trop se hater dans une chambre à droite. Le roi paraît aussitôt).

SCENE VIII.

MARIE, LE ROI, STUART, MACBURTON, La suite du roi.

LE ROI.

Salut à la plus belle fille de ces montagnes. Je n'ai point voulu passer près de votre ferme sans m'arrêter. Marie, vous le voyez, rien n'échappe à notre souvenir, ni votre nom, ni les lieux que vous habitez : la mémoire du cœur est si fidèle......

MARIE.

Sire, je ne mérite pas...

LE ROI.

Nous avons à causer longuement ensemble. (à Stuart) Lord Stuart, il nous semble avoir vu près d'ici comme une façon de taverne, on pourrait y conduire nos gens.

MACBURTON.

Je suis le tavernier, Sire.

LE ROI.

Je vous recommande mes fauconniers et mes veneurs : surtout, que la soif ne les entraîne pas jusqu'à l'ivresse.

MACBURTON.

Sire, je suis prêtre.

LE ROI.

Prêtre !

MACBURTON.

Dans la paroisse voisine.

LE ROI.

Comment donc ! tenir cabaret et une église !.

STUART.

Prêcher contre l'ivrognerie, et verser à boire.

LE ROI.

C'est violent.

MACBURTON.

Je ne puis pas vivre avec les gâteaux d'avoine que les montagnards portent quelquefois à l'autel, sire, et je me vois forcé d'ajouter à mon ministère un métier, depuis que je ne peux faire un métier de mon ministère.

LE ROI.

Je comprends votre position.

MACBURTON.

Si j'étais chapelain de confrérie à Edimbourg, j'imiterais un de mes confrères, qui vit au jour le jour aux dépens de chaque membre de la corporation, et perçoit ses honoraires en dîners.

LE ROI.

Faites comme lui.

MACBURTON.

Dans ces montagnes?.... mes chasseurs ne dînent pas chez eux, sire.

LE ROI.

En attendant que nous portions remède à ces abus, allez servir nos gens, M. le tavernier; veillez sur eux, mon père.

MACBURTON.

Comme sur des enfans qui sont mes pratiques.

(Macburton sort).

LE ROI, (à Stuart).

Stuart, vois-tu cet homme?... il est mécontent d'être à Perth; il faut le gagner. Sors et ne t'éloigne pas.

SCÈNE IX.

MARIE, LE ROI.

LE ROI.

Nous voilà seuls. Dites-moi, Marie, si un homme voué à l'échafaud avait surpris votre pitié, s'il avait à force d'instances obtenu chez vous un asile, vous livreriez sa tête au bourreau, qui viendrait la demander en mon nom, n'est-ce pas?

MARIE.

Je la livrerais.

LE ROI.

Bien: vous allez donc me découvrir sans retard en quel lieu vous cachez un vagabond que mes juges poursuivent, et qui vient d'entrer dans cette ferme.

MARIE.

Sire, ne croyez pas cela.

LE ROI.

Vous vous troublez, Marie.

MARIE.

On vous a trompé, sire.

LE ROI.

Non! sur mon âme on ne m'a pas trompé; car on m'a dit que vous aimiez le proscrit, et je le vois maintenant.

MARIE.

Et quand je l'aimerais! Je ne suis qu'une pauvre fille, mais j'ai pu disposer de mon cœur.

LE ROI.

Pour la dernière fois, je vous ordonne de me livrer cet homme que vous aimez, que vous cachez ici.

MARIE.

Il y serait que je ne le livrerais pas.

LE ROI.

Vous me bravez Marie!.... Lord Stuart!.... lord Stuart!....

MARIE, a part.

Que va-t-il faire?

SCÈNE X.

Les mêmes, STUART.

STUART.

Sire.

LE ROI.

Vous avez placé des gardes à toutes les portes?

STUART.

Je les ai placés.

LE ROI.

Et pour s'échapper de la ferme il n'y a pas d'issue?

STUART.

Pas d'issue.

LE ROI.

Stuart, on s'obstine à nier qu'un malfaiteur soit caché dans cette ferme; vous allez la visiter dans ses réduits les plus obscurs, et si vous ne découvrez pas l'homme qu'on refuse de nous livrer, nous briserons le toit qui lui sert d'asile. Bientôt il faudra s'éloigner, Marie; bientôt les flammes auront détruit cette maison rebelle; et maintenant voyez ce que vous voulez faire.

MARIE.

Mourir avec le proscrit.

LE ROI.

Stuart, exécutez mes ordres.

(Le roi va sortir.)

MARIE, à part.

Et William ne vient pas.

SCÈNE XI.

Les mêmes, RUTHWEN.

RUTHWEN.

Arrêtez, sire. Voici l'homme que vous cherchez.

MARIE.

Grand Dieu !

RUTHWEN.

Ordonner qu'on me saisisse, c'est bien. Mais pourquoi tourmenter cette jeune fille ? Je viens d'entrer ici pour la première fois, et à son insu.

LE ROI.

La justice vous poursuit : quel est votre crime ?

RUTHWEN.

Mon nom.

LE ROI.

Qui êtes-vous ?

RUTHWEN.

Je suis lord Ruthwen, comte de Gowrie, shérif de la province, prévôt de la cité de Perth.

LE ROI.

Après dix années d'exil, pourquoi revoir l'Ecosse ?

MARIE.

L'Ecosse ! sa patrie.... pour la revoir.

STUART.

Pour conspirer peut-être.

RUTHWEN.

Vous êtes lord Stuart, fils de Lennox, n'est-ce pas ?

STUART.

Où le connaissez-vous ?

RUTHWEN.

A ce que vous dites et à ce que je sens.

STUART.

Eh bien !

RUTHWEN.

Vous voulez savoir pourquoi je reviens dans l'Ecosse. Je vais vous le dire : c'est pour rentrer dans les biens et les honneurs de ma famille que votre père a volés. C'est pour venger sur vous la mort de mes parens que votre père a fait assassiner pendant sa régence. C'est pour cela que je reviens en Ecosse, lord Stuart ; c'est pour cela.

STUART.

Sire....

RUTHWEN.

Nous nous reverrons, milord.

LE ROI.

En attendant que je vous fasse connaître mes dernières volontés, remettez votre épée dans nos mains.

RUTHWEN.

Losd Ruthwen ne rend son épée qu'avec sa vie.

STUART.

L'insolent !..... Je vais appeler nos gardes.

RUTHWEN.

Je les attends.

LE ROI (à part.)

Du calme, Stuart. Il serait capable de tirer l'épée contre moi.

(On entend au dehors des cris et le son des cors.)

STUART.

Quel est ce bruit ?

LE ROI.

Que veut dire ceci !

MARIE.

Voici les montagnards, vous êtes sauvé.

LE ROI (à part.)

Stuart, où sommes-nous ?

SCÈNE XII.

Les mêmes, MACBURTON, le peuple au dehors.

MACBURTON.

Sire, le Clan tout entier se soulève en faveur de milord ; les chasseurs des montagnes et les bourgeois de Perth viennent à son secours.

RUTHWEN.

Ils se souviennent de mon père.

LE ROI.

Stuart !.....

(Le peuple qui s'avance pousse des cris.)

STUART.

Nous ne sommes pas en forces.

LE ROI (à Stuart.)

Que ferons-nous, dis-moi ?

STUART.

Si vous paraissiez, ils s'éloigneraient peut-être.

LE ROI.

(Il se fait voir au peuple.)

Mes amis, je ne comprends pas les motifs....

LE PEUPLE (interrompant.)

Lord Ruthwen !..... lord Ruthwen !.....

RUTHWEN.

Je suis heureux !

LE ROI.

Vous manquez au respect......

LE PEUPLE (interrompant.)

Lord Ruthwen !..... lord Ruthwen !.....

MARIE.

Montrez-vous à ces braves gens !

RUTHWEN.

Tous deux : ils sauront que je t'aime et que je ux épouser une fille du Clan.

(Ils paraissent à une croisée).

LE PEUPLE.

Vive lord Ruthwen !... vive lord Ruthwen !...

LE ROI (à Stuart.)

Cet homme est ton ennemi mortel.

STUART, (au roi).

Il est votre rival.

LE ROI, (à Stuart).

Je veux le sang de cet homme.

STUART, (au Roi).

Dissimulez nos haines et vous serez vengé.

LE ROI.

Milord, les cris de ces gens-là qui n'ont pas sauvé tre père, ne vous sauveraient pas davantage ; nous avons disposer de vos jours.

RUTHWEN.

Le peuple saurait me défendre ou me venger.

LE ROI.

Erreur !... J'aurais assez de soldats pour m'ouvrir passage après m'être fait justice, et je ne crains s cette foule indisciplinée. Ouvrez toutes les portes qu'on la laisse s'approcher.

(Stuart va faire entrer la foule).

MACBURTON, (à part).

Que va-t-il faire ?

LE ROI.

Vous allez me connaître.

SCÈNE XIIIe

LES MÊMES, le peuple.

peuple se précipite dans la ferme en criant vive lord uthwen).

RUTHWEN.

Je ne vois pas mon vieux William parmi vous, s braves.

MARIE.

Il vous fait de nouveaux amis.

LE ROI.

Bons Écossais, vous accourez en armes pour défendre le fils de vos anciens seigneurs ; c'est bien. Mais vous avez tort de le croire menacé parce qu'il est dans nos mains. Vous le savez, tous ceux qui gouvernèrent l'Ecosse pendant ma minorité ont abusé de leur pouvoir et persécuté la maison de Gowrie. Maintenant si l'on a poursuivi le comte, c'est qu'on l'a pris pour un de ces malfaiteurs qui viennent se réfugier dans les Highland. Il suffit que tant d'injustices aient été faites en mon nom pour que je doive les réparer. Milord, vous avez manqué de confiance en la générosité de votre roi, il veut en tirer une vengeance digne de tous deux. Je vous déclare rétabli dès ce jour dans tous les droits, honneurs et biens de votre famille. Vous êtes comte de Gowrie, shérif de la province, prévôt de Perth.

LE PEUPLE.

Vive le roi !... Vive le roi !...

RUTHWEN, (à part).

Quel changement subit !...

LE ROI, (à Stuart).

Tu frapperas ce soir !

STUART, (au Roi).

Ce soir pendant le bal.

LE ROI.

Il y a bal ce soir au château de Falklan, milord. Ce soir nous vous présenterons à la cour, vous y reprendrez la place qu'occupaient vos aïeux.

RUTHWEN.

Sire, je n'attendais pas moins de votre justice. (A part) C'est un piége peut-être ; voyons.

LE ROI.

Partons, Milord.

RUTHWEN.

Sire, je suis prêt à vous suivre. (A Marie) ce soir nous nous reverrons.

STUART, (à part).

Peut-être.

LE PEUPLE.

Vive le roi !... Vive le roi !...

SCÈNE XIV.

MACBURTON.

Et ce bon peuple qui croit tout cela... Allons... Je ferai mon chemin, voilà l'essentiel.

ACTE DEUXIÈME.

La scène se passe au château de Falklan. Le théâtre représente un salon ; dans le fond, une galerie où l'on danse.

SCÈNE I.

STUART ; puis, successivement, MURRAY, DARRAN, DOUGLAS.

STUART.

Le bal est séduisant et tous s'abandonnent à la joie ; voici le moment d'agir. Ruthwen rit. L'insensé !... Il boit gaiement les vins de France. Il est enivré par la musique, les parfums et le sourire des femmes. Eh bien !... c'est lui faire une grande faveur que d'embellir ainsi ses derniers instans. Voici Darran ; (lord Darran entre) Etes-vous bien armé ?

DARRAN.

De mon épée d'abord et d'un poignard caché là.

STUART.

Bien.

DARRAN.

Hâtons-nous : je m'ennuyais au bal.

STUART.

Allez-nous attendre chez le roi. (Darran sort par la porte de gauche). Je compte sur celui-ci. Jamais il ne pourra consentir à rendre à lord Ruthwen son château de Sterlink.

(Murray quitte le bal)

MURRAY.

Frapperons-nous bientôt, milord.

STUART.

Bientôt. Et personne n'a remarqué votre sortie?

MURRAY.

Personne.

STUART.

Darran vous a devancé. (Murray sort par la même porte que Darran). Encore un fidèle qui tient à conserver les dépouilles de Ruthwen ; et c'est bien naturel.

(Douglas entre à son tour.)

DOUGLAS.

Le roi m'a fait signe de sortir. Tout est-il prêt ?

STUART.

Tout se prépare. Que fait Ruthwen ?

DOUGLAS.

Il est heureux ; on le comble de caresses.

STUART.

Je lui pardonne son bonheur. Glissez-vous dans l'appartement du roi.

DOUGLAS.

Ruthwen doit y venir.

STUART.

Sa Majesté veut lui faire cet honneur. On doit le consulter ; puis, lorsqu'il aura donné son avis, le roi lui tendra la main et lui dira : Ruthwen ! vous êtes un loyal gentilhomme ! à ces paroles nous frapperons le misérable.

DOUGLAS.

Fort bien. Le bal va finir, je vais me glisser à mon poste.

STUART.

Douglas frappera sans hésiter ; sa main et son poignard se connaissent !

SCÈNE II.

STUART, LE ROI.

LE ROI.

Eh ! bien, Stuart ?

STUART.

Sire, j'attends vos ordres.

LE ROI.

Nos amis sont cachés dans mon cabinet ?

STUART.

Armés et résolus.

LE ROI.

Vous avez concerté les moyens de prévenir tout soupçon ?...

STUART.

Il ne restera pas vestige de votre vengeance. Ruthwen devait aller, après le bal, rejoindre Marie à la Ferme-au-Bois ; nous porterons son cadavre sur le chemin, et ses amis le croiront assassiné par des brigands.

LE ROI.

Tu as prévenu ces lords que je puis être forcé de vous poursuivre si la rumeur publique vous accusait.

STUART.

Je les ai prévenus ; mais je dois encore avertir Votre Majesté que mes amis demandent......

LE ROI.

uart ! je ne puis rien leur accorder. L'épuise-
t de mes finances m'empêche de venger sur
abeth la mort de ma mère ; je leur abandonne
épouilles des Ruthwen, et ils demandent encore..

STUART.

eu de chose : un serment qui leur garantisse votre
ale protection.

LE ROI.

n serment !... ils seront contens de moi. Tout
s arrive à souhait, mon cousin. J'ai fait croire
athwen que je serais bien aise de le voir s'unir à
ritière des Douglas ; il ne l'a quitte plus.

STUART.

t votre belle Marie voit tout cela ?

LE ROI.

n l'as si bien placée pour observer Ruthwen sans
 vue de lui.

STUART.

acburton nous seconde ; il ne fallait rien moins
r convaincre Marie.

LE ROI.

lle aimait donc bien ce Ruthwen ?

STUART.

 tel point qu'on la voyait chaque soir, pendant
il de ce traître, errer seule autour du château
Gowrie pour pleurer son absence et son malheur.

LE ROI.

Noble fille !...

STUART.

On dit même qu'elle allait souvent dans cette
ison abandonnée prier sur le tombeau des Ruth-
1, et demander à Dieu le retour de sir John.

LE ROI.

Comment a-t-elle pu pénétrer dans ce manoir,
t on a fermé les portes, et que pas un de vous
sait habiter ?

STUART.

Son père, homme de confiance du comte, lui
ra la clef d'une porte secrète qui donne sur la
ière du Tay. C'est Macburton qui m'a dit tout
a.

LE ROI.

Que Ruthwen est heureux ! Ecoute, Stuart, je
ux être aimé d'elle ; je veux qu'elle l'oublie ; je
ux qu'elle maudisse sa mémoire !

STUART.

Voilà Marie.

LE ROI.

Veille à ce que Ruthwen n'approche pas.

(Stuart va se placer à la porte du fond.)

SCÈNE III.

MARIE, LE ROI, MACBURTON, STUART.

LE ROI.

Vous ici, jeune fille ? et quel heureux hasard vous conduit à Falklan.

MARIE.

Ce n'est pas le hasard qui m'amène, c'est le désir d'y voir lord Ruthwen honoré de vos faveurs.

LE ROI.

Le proscrit du matin est le héros du soir. On m'a dit qu'il allait épouser miss Douglas.

MARIE.

Sire, je le savais.

LE ROI.

Si vous désiriez occuper un emploi près de la comtesse de Ruthwen, je lui parlerais pour vous.

MARIE.

J'aime mieux vivre ignorée dans la maison de mon père.

LE ROI.

Pourquoi cela ?

MARIE.

Pour y cacher une seconde fois le comte, s'il est encore persécuté.

LE ROI.

Et vous, Macburton, que voulez-vous régir au château de Gowrie ? La chapelle ou l'office ?

MACBURTON.

Sire, j'aime mieux présider à la morale qu'à la bonne chère.

LE ROI.

Et la raison ?

MACBURTON.

C'est qu'un lord est plus connaisseur en ragoûts qu'en sermons.

LE ROI.

J'aurai soin de vous. Stuart, je vous attends au conseil. (Stuart s'approche du roi). Tu n'as pas oublié le signal convenu ?

STUART, à part.

Lorsque vous lui direz : Ruthwen ! vous êtes un loyal.....

LE ROI.

C'est bien ; je l'attends.

(Il entre dans son cabinet.)

MARIE.

Eh quoi ! le comte pourrait me tromper ?

MACBURTON.

Que voulez-vous ? il est en si bonne compagnie.

SCÈNE IV.

MARIE, MACBURTON, STUART.

MACBURTON.

Sortons, ma fille, lord Ruthwen vous abandonne.

STUART.

Sa position l'exige. Vous l'avez vu près de miss Douglas. (Il lui montre Ruthwen qui passe dans le fond en donnant le bras à une dame). Voyez-le encore : il ne la quitte pas, il se penche à son oreille, il lui parle avec mystère ; leurs haleines et leurs regards se confondent ; ils sont heureux !.

MARIE.

Dieu !... pourquoi m'avez-vous conduite ici ?

MACBURTON.

Pouvais-je prévoir cette trahison.

STUART.

Pauvre enfant !

MARIE.

Je veux parler au comte.

STUART.

Arrêtez !...

MACBURTON.

Que faites-vous ?...

STUART.

Se mêler à ces nobles dames ?

MARIE.

Oui... oui... l'on me ferait chasser. Sortons.

STUART.

Et sans vous plaindre ?

MARIE.

On ne se plaint pas lorsqu'on est si cruellement trompée ; on meurt !

MACBURTON.

Venez ..

STUART.

Pressez-vous. (A Macburton.) Voilà Ruthwen..... Emmenez-là, emmenez-là.....

(Stuart et Macburton entraînent Marie qui sort à gauche.)

SCÈNE V.

RUTHWEN, STUART.

(Ruthwen s'arrête en voyant lord Stuart ; celui-ci se dirige vers l'appartement du roi.)

RUTHWEN.

Ah ! je pourrai lui parler. (A Stuart). Où va lord Stuart ?

STUART.

Au conseil, où nous sommes attendus

RUTHWEN.

Un mot.

STUART.

Parlez.

RUTHWEN.

Vous savez qu'elle haine unit nos deux familles.

STUART.

Je le sais.

RUTHWEN.

Acceptez-vous le nom de votre père.

STUART.

Je l'accepte.

RUTHWEN.

Eh bien ! pouvons-nous siéger dans le même conseil, vivre dans la même cour, respirer le même air ? Le pouvons-nous ?

STUART.

Il faut se contenir par respect pour le roi ; mais ce soir, au sortir du conseil, nous nous verrons l'épée à la main.

RUTHWEN.

Tout est dit.

STUART.

Entrez-vous au conseil ?

RUTHWEN.

Lorsque vous en serez sorti.

STUART.

Je vais en instruire le roi.

SCÈNE VI.

RUTHWEN, puis WILLIAM.

RUTHWEN.

Oh ! qu'il me tarde de revoir William, et d'embrasser Marie... Pauvre William, il ne me reconnaîtra pas... Je suis heureux, heureux dans ma vengeance et dans mon amour. Toutes ces nobles dames sont belles sans doute, mais leurs charmes ne réveillent que la volupté ; la beauté de Marie, fait rêver du ciel ; l'amour qu'elle m'inspire, est comme une seconde innocence. Ah ! je suis heureux !... Ce soir un duel, et demain, demain le vieux château de Gowrie ouvrira ses grandes portes pour me recevoir. Déjà, oui déjà mille flambeaux brillent au front des tours comme des couronnes de lumière ; oui, je suis trop heureux. La musique m'appelle, Retournons au bal.

WILLIAM.

(Il entre par où Marie vient de sortir).

Sir John.

RUTHWEN.

William!.., lui seul pouvait m'appeler sir John, comme autrefois. (Il va pour l'embrasser).

WILLIAM.

Le vieux serviteur des Ruthwen ne peut pas embrasser le favori de Jacques VI.

RUTHWEN.

Que dis-tu ?

WILLIAM.

Vos pères n'étaient pas courtisans, milord, ils étaient chefs des montagnards de Gowrie. Les grandes familles naissent sur les champs de bataille, et viennent mourir dans les salons.

RUTHWEN.

Faut-il repousser l'amitié du roi ?

WILLIAM.

L'amitié du roi !.. l'amitié du roi !.. (Il conduit Ruthwen à la fenêtre) Voyez-vous devant le palais, cette grande place où viennent, au dire du peuple, se promener la nuit les âmes des suppliciés ?

RUTHWEN.

Je la vois.

WILLIAM.

C'est là que votre oncle a été décapité par ordre de Jacques VI.

RUTHWEN.

Par ordre de Lennox, tu veux dire.

WILLIAM.

Milord, voyez-vous cette lumière qui brille sur la montagne ?

RUTHWEN.

Eh bien !

WILLIAM.

Dans ces lieux où les pâtres allument des feux et parquent leurs troupeaux, s'élevait un château fort, résidence de votre famille. Il arriva qu'une nuit où l'obscurité était profonde, comme à cette heure, le château fut soudainement entouré de soldats. Jacques VI y fit mettre le feu pour se venger de votre père, et votre père fut écrasé sous les décombres.

RUTHWEN.

Et Jacques VI serait l'assassin ?

WILLIAM.

J'en ai la preuve. Voyez, lisez ce que votre père écrivit et me confia lorsqu'il se vit attaqué. (Il lui donne une lettre) Je n'ai pu vous remettre cet écrit, car vous partiez pour la France lorsque j'arrivais à Sterling.

RUTHWEN, lisant.

Assassiné par Jacques VI.

WILLIAM.

Oui par Jacques VI, qui laissa tout l'odieux du crime au comte de Lennox. Lennox lui paya la prorogation de ses pouvoirs avec le sang de votre père.

RUTHWEN.

Malédiction !...

WILLIAM.

Votre père demande vengeance et vous êtes venu rire et danser en face des ruines qui sont là-bas ! Je ne suis que le serviteur, que le valet des Ruthwen, moi, et j'ai frémi de rage en pénétrant dans ce palais ; et vous, leur fils, vous fraternisez avec leurs assassins ; vous serrez des mains pleines de leur sang.

RUTHWEN.

Oh ! tais-toi !... tais-toi !...

WILLIAM.

Quand on prend le nom de son père, on accepte à la fois ses amitiés et ses haines, on prend sa vie où il la laisse, on la poursuit comme un travail ; mais oublier de le venger, c'est insulter à sa tombe, c'est lui voler son rang et son nom.

RUTHWEN.

Assez, William.. assez... J'accepte la haine à mort que mon père me lègue.

WILLIAM.

Savez-vous ce que c'est que la haine à mort ?

RUTHWEN.

Oui.... oui.... je n'ai pas oublié ce que tu m'as appris lorsque j'avais dix ans : la haine à mort est celle qui ne peut attendre ni la justice des hommes, ni celle de Dieu ; qui grandit avec le temps, et accepte toutes les vengeances. C'est une haine ardente et perfide, constante et hardie, terrible et calme ; une haine qui recherche le père dans le fils, qui n'est pas appaisé par la honte et la mort, qui poursuit sa victime jusque dans la tombe et le néant.

WILLIAM.

Bien.... c'est bien, embrassez-moi maintenant et sortons. (Il embrasse Ruthwen).

RUTHWEN.

William, avertissez en secret nos amis et nos serviteurs les plus dévoués, de se rendre au château de Gowrie : on m'a dit qu'il restait encore quelques armures dans les salles et les magasins ; qu'ils se couvrent de ses armures et qu'ils m'attendent.

WILLIAM.

Qu'allez-vous faire ?

RUTHWEN.

Me venger.

WILLIAM.

De qui ?

RUTHWEN.
Du roi.

WILLIAM.
Bientôt ?

RUTHWEN.
Dès ce soir.

WILLIAM.
Sortons.

RUTHWEN.
Je reste.

WILLIAM.
Au milieu de vos ennemis ? les caresses du roi me font peur.

SCÈNE VII.
Les Mêmes, UN PAGE.

LE PAGE.
Milord, Sa Majesté vous attend au conseil. Elle vous prie instamment de vous y rendre.

WILLIAM, à part.
Ils veulent vous assassiner...

RUTHWEN, à William.
Oui, je le crois. (Au page) Je vais vous suivre.

WILLIAM, à part.
Vous n'irez pas.

RUTWEN, (à part).
J'ai mon projet.

WILLIAM, à part.
Marie vous attend à la porte du palais, elle pleure, elle se croit trahie.

RUTHWEN.
Va la rassurer, va, William. Et moi j'attends mes ennemis. (William sort).

LE PAGE.
Le roi !...
(Il sort après avoir annoncé Jacques VI).

SCÈNE VIII.

RUTHWEN, LE ROI, STUART, D'ARAN, DOUGLAS, MURRAY.

LE ROI.
Eh bien ! milord, votre seigneurie s'est fait attendre ; et cependant, le bal fini, le conseil réclame à bon droit votre expérience et vos lumières.

RUTHWEN.
Sire, ne comptez que sur mon dévouement.

LE ROI.
Milord, je vous estime autant que je le dois. (Pendant que le roi parle à Ruthven, Ruthwen observe les lords qui l'entourent) Nous avons débattu de grandes questions, l'épuisement des finances nous met dans un grand embarras.

RUTHWEN.
On peut aisément trouver remède au mal.

LE ROI.
Quelqu'un proposait de confisquer les biens des lords bannis et de tous les ennemis de l'état ; qu'en pense votre seigneurie ?

RUTHWEN.
Voici ce que j'en pense, sire.

LE ROI.
Je tiens à connaître votre avis, milord ; vous êtes un loyal...
(Les seigneurs font un pas vers Ruthwen, il voit ce mouvement, et se hâte de répondre).

RUTHWEN.
C'est un secret, sire.

LE ROI.
Messieurs !...... (Les regards du roi arrêtent les lords) éloignez-vous : peut-être que milord ne veut confier son secret qu'à moi seul.

RUTHWEN.
A vous seul.

LE ROI.
Parlez. (Les lords s'éloignent).

RUTHWEN.
Sire, vous avez sans doute ouï parler des trésors des Ruthwen, cette grande masse d'or et d'argent qui s'est accrue dans ma famille, de génération en génération.

LE ROI.
Eh bien !

RUTHWEN.
Ce trésor est dans mes mains, sire.

LE ROI.
Je croyais que vos ennemis l'avaient enlevé.

RUTHWEN.
Impossible. Dieu seul et moi, connaissons le lieu qui le renferme.

LE ROI.
Et vous dites que chaque génération a jeté dans ce trésor son tribut de richesses ?

RUTHWEN.
Et qu'il suffirait aux guerres les plus longues, comme aux plus brillantes fêtes.

LE ROI.
Et vous me conduirez dans ce lieu ? et vous me livrerez ce trésor ?...

RUTHWEN.
Je vous y conduirai, sire ; mais seul... mais en secret... mais pendant la nuit... je vous le livrerai ; mais à des conditions que Votre Majesté promettra de remplir.

LE ROI
Ferez-vous cela, quand je l'exigerai ?
RUTHWEN.
Sans doute ; et cependant je dois avant tout me rendre au château de Gowrie. Un homme est venu m'avertir que des malfaiteurs parlaient de ce trésor. C'est pour lui donner audience que j'ai négligé le conseil. Vous jugez, sire, qu'il est prudent de revoir tout cela.
LE ROI.
Eh bien ! milord, je pars avec vous.
RUTHWEN.
Sitôt !... Rien n'est prêt pour vous recevoir, sire.
LE ROI.
Qu'importe ! je suis impatient de punir Elisabeth et de venger ma mère.
RUTHWEN.
Ah ! je vous approuve, sire !... Je vous imiterais au besoin.
LE ROI.
Vos conditions : que voulez-vous de moi ?
RUTHWEN.
Ces hommes qui m'entourent sont tous mes ennemis ; ils jouissent de mes biens, et méditent ma ruine. Je veux les devancer.
LE ROI.
Comment ?
RUTHWEN.
Votre majesté ne me refusera pas l'ordre de les dépouiller de leurs biens et de m'emparer de leurs personnes ?
LE ROI.
Et vous désirez avoir cet ordre à l'instant ?
RUTHWEN.
Puisque je livre à l'instant mes trésors.
LE ROI.
Volontiers ; mais vous abandonnerez Marie ?
RUTHWEN.
Puisque j'épouse miss Douglas.
LE ROI.
Mais vous la chasserez de votre présence si elle reparaît devant vous ?
RUTHWEN.
Je la chasserai.
LE ROI.
Grâce pour Stuart, milord, et j'accorde tout ?

RUTHWEN.
Stuart est le plus coupable.
LE ROI.
Oubliez le crime de son père ; Stuart ne vous hait pas.
RUTHWEN.
Il possède mes biens.
LE ROI.
Ils vous seront rendus, et vous partagerez avec lui la dépouille des autres.
RUTHWEN
De ses amis !...,
LE ROI.
Stuart me l'avait demandée.
RUTHWEN.
Qu'il en soit fait mention dans l'ordre que vous allez me donner, sire, et je suis satisfait.
LE ROI.
J'y consens.
RUTHWEN, à part.
Il n'en sera que plus odieux..... Stuart ! tu ne m'échapperas pas.
LE ROI.
(Le roi va se placer à une table pour écrire.)
L'intérêt seul guide ses assassins, tandis que Ruthwen est un loyal gentilhomme qui vient sans défiance à ma cour, qui m'abandonne sa maîtresse et son or. Tout sera réparé.
STUART, à part.
Qu'a-t-il pu dire ?
RUTHWEN.
(Le roi lui donne l'ordre qu'il vient d'écrire.)
Sire, mon sang et mes richesses sont à vous.
LE ROI.
Je le répète, milord : vous êtes un loyal gentilhomme. (Aux seigneurs qui s'approchent.) Arrière, messieurs, obéissance et respect à lord Ruthwen, comte de Gowrie. Sortons, milord.
STUART.
Dieu !....
(Il tombe dans un fauteuil.)
DOUGLAS.
Qui l'eût dit ?
STUART.
(Il se relève.)
Il ne faut pas quitter la partie. Milords, suivons le roi.

ACTE TROISIÈME.

Le théâtre représente une salle d'armes éclairée par des lampes de fer. On voit les armures des Ruthwen rangées sur deux files. Au-dessous de chaque armure un portrait de famille.

SCÈNE I.

WILLIAM, une sentinelle, hommes armés, bientôt après RUTHWEN.

WILLIAM.

Maintenant que vous êtes tous armés et résolus à combattre pour le comte, nous allons attendre ici son arrivée. Ecoutons : il ne tardera pas à paraître.

LA SENTINELLE.

Qui vive !...

WILLIAM.

Silence.

RUTHWEN.

(Du dehors).

John Ruthwen ? ouvrez.

WILLIAM.

C'est lui, j'entends les pas de son cheval. Il entre dans la cour du château... A vos postes mes amis, que monseigneur vous trouve immobiles et muets sur son passage, comme si l'absence et l'exil n'avaient rien changé dans ce lieu.

(En même temps que Ruthwen entre, ils sortent).

RUTHWEN.

William ! c'est donc ici que je suis né, voilà tous les Ruthwen debout autour de moi. Je les reconnais. Oui voilà mon aïeul qui punit l'italien Rizio.... Toi, je te reconnais aussi, tu es George, frère d'armes de William Douglas ; et cette cuirasse damasquinée c'est le vieux Jacques, avec sa cicatrice au front, sa cicatrice de Bannokburn. Vous tous, mes pères, mes pères, je vous salue.

WILLIAM.

(Il se découvre gravement).

Vous les reconnaissez à leurs cicatrices, ainsi qu'à leurs armures ; à quoi vous reconnaîtront-ils ?

RUTHWEN.

A ma vengeance.

WILLIAM.

Tout est préparé.

RUTHWEN.

Ecoute : le roi vient.

WILLIAM.

Le roi !...

RUTHWEN.

J'ai devancé Jacques VI, sous prétexte de lui préparer une brillante réception ; puisque tout est prêt, je cours au-devant de lui.... J'oubliais.... As-tu vu Marie ?

WILLIAM.

Non, milord.

RUTHWEN.

Pauvre enfant, elle se croirait trahie, je veux la rassurer.

(Il écrit à la hâte une lettre).

WILLIAM.

Un de vos gens portera cette lettre à la ferme au Bois.

RUTHWEN.

Et sans retard surtout. Sans retard encore tu vas t'armer de toutes pièces.

(Ruthwen donne la lettre à William qui l'accompagne jusqu'à la porte du fond. Le spectateur ne doit pas entendre les dernières paroles qu'il lui adresse).

WILLIAM.

Milord, comptez sur moi.

SCÈNE II.

WILLIAM, puis MACBURTON.

WILLIAM.

Quelle fierté !... Quel beau maintien de gentilhomme ! quel noble maître nous avons là.

(Allant à la fenêtre).

Roi Jacques VI, que Dieu vous prenne en pitié, car vous allez tomber entre les mains d'hommes qui n'auront aucune pitié de vous.

(Macburton paraît).

Macburton !.... Vous arrivez à propos.... Marie, où est-elle ?

MACBURTON.

Où est Marie ? Voilà ce que je viens demander à votre maître.

WILLIAM.

Que dites-vous ?...

MACBURTON.

Qu'elle vient de fuir dans les bois, que le désespoir a troublé sa raison, que lord Ruthwen est la cause de son malheur.

WILLIAM.

Oh! ne l'accusez pas, il vient d'écrire pour Marie une lettre qui explique sa conduite et le justifie pleinement.

MACBURTON.

Cette lettre arrivera trop tard.

WILLIAM.

Non, non; Marie reviendra sans doute à la ferme lorsque les premiers transports seront passés. Sir Macburton vous êtes ministre et tuteur de Marie, vous devez à ce double titre toute notre confiance; il y va du bonheur de cet enfant. Chargez-vous de lui porter cette lettre. Vous lui direz bien qu'elle est aimée, que mylord est un loyal gentilhomme, incapable de la trahir. Oh! jurez-le moi par votre salut éternel, pour que je puisse rassurer le comte.

MACBURTON.

Je le jure.

WILLIAM.

Voilà cette lettre. (Il écoute). Qu'est cela? Je crois avoir entendu des cris.

(Il court à la fenêtre):

MACBURTON.

Lord Stuart avait raison de m'envoyer ici, l'on trame quelque méchant complot contre le roi ; cette lettre éclaircira nos soupçons.

WILLIAM.

Macburton, le roi vient... Tandis que nous allons le recevoir, vous, allez au secours de Marie.

(William sort).

MACBURTON.

Je vais au-devant de Stuart. C'est mal à moi peut-être d'abandonner la jeune fille; non, elle m'a refusé. D'ailleurs lord Stuard m'a promis une charge à la cour ; je ferai de la morale à l'usage des courtisans et des ministres, ce qui me fatiguera peu. Alors si ma conscience me tourmente, honoré, comblé de faveurs je serai dans une position superbe pour faire pénitence. Marie ne verra pas cette lettre.

Macburton va sortir, lorsque Jacques VI, Ruthwen et leur suite entrent dans la salle. Macburton se met à l'écart et sort après).

SCENE III.

JACQUES VI, RUTHWEN, leur suite.

JACQUES VI.

Sur ma foi, milord, je ne vis jamais une illumination plus brillante, et la cité de Perth nous a très-dignement reçus ; je vous félicite des témoignages d'affection que vous recevez ici, et je me félicite moi-même de voir sanctionner par la voix du peuple la haute estime où je vous tiens.

RUTHWEN.

Vivre honoré de son roi et chéri de ses vassaux, il n'est pas de plus belle destinée de gentilhomme.

LE ROI, à Ruthwen.

Je vais congédier nos gens afin que nous soyons plutôt libres.

RUTHWEN, au roi.

De mon côté, sire, je suis impatient de vous livrer nos trésors.

SCÈNE IV.

LES MÊMES, MARIE.

(Elle s'efforce de s'ouvrir un passage à travers les gardes et les gens du roi qui sont rangés au fond de la galerie).

MARIE.

Je veux parler au comte : ouvrez-moi le passage.

RUTHWEN.

Marie !...

LE ROI.

Quel est ce bruit ?

RUTHWEN, à part.

Elle n'a pas reçu ma lettre.

MARIE.

Je veux lui parler vous dis-je. Laissez-moi.

LE ROI.

C'est Marie... Il faut la chasser de votre présence, milord.

RUTHWEN.

Ah! Sire!

LE ROI.

Cela me fournira l'occasion de lui donner un asile, et d'ailleurs vous l'avez promis.

RUTHWEN.

C'est trop de cruauté.

MARIE.

C'est moi, milord ; c'est Marie. Défendez à ces hommes de m'arrêter.

LE ROI, à Ruthwen.

Vous hésitez....... Je m'éloigne, si vous oubliez votre promesse.

RUTHWEN.

Arrêtez, sire.....

MARIE.

(Elle s'ouvre un passage et court à Ruthwen.

Milord, j'avais besoin de vous revoir. Ils disent tous que vous m'abandonnez. Je ne l'ai pas cru.

LE ROI.

(Il va sortir.)

Adieu, lord Ruthwen !...... adieu !

RUTHWEN.

Sortez, Marie !..... sortez de ma présence. Je vous chasse du château.

MARIE.

Oh ! mon Dieu !

(Elle tombe presque évanouie. Le roi la soutient.)

RUTHWEN, à part.

O vengeance ! vengeance, sois grande et complète, car tu m'as coûté bien cher !.... Marie !..... Elle saura tout ; demain elle pardonnera....

LE ROI.

Qu'on la porte à Falklan ou à Perth ; qu'on lui prodigue mille soins ; qu'on obéisse à toutes ses volontés. Et vous, sortez, messieurs ; vous êtes libres d'aller vous reposer.

RUTHWEN, à part.

Il se livre enfin.

SCÈNE V.
LE ROI, RUTHWEN.

LE ROI.

J'ai vu le moment où vous alliez tout perdre.

RUTHWEN.

Que voulez-vous, sire, j'avais de la répugnance à paraître ingrat pour celle qui fut si généreuse envers moi.

LE ROI.

Vous vous justifierez plus tard.

(Le roi s'assied.)

Enfin nous sommes seuls.

RUTHWEN.

Et livrés l'un à l'autre, sire.

LE ROI.

Comme vous dites, cher comte. Vous êtes mon premier ministre et mon meilleur ami. L'homme et le roi s'abandonnent à vous.

RUTHWEN.

Ne tardons plus, sire. J'ai hâte de m'acquitter envers vous.

(Il va s'assurer des portes.)

LE ROI.

Pourquoi ces précautions, Ruthwen ; tout est calme autour de nous.

RUTHWEN.

Sans doute. Mais en voyant nos trésors, vous pousserez peut-être quelque cri de surprise. Il ne faut pas qu'on vous entende.

LE ROI.

Le trésor est donc ici.

RUTHWEN.

Oui, sire, le trésor est là.

LE ROI.

(Il se lève et va serrer les mains de Ruthwen.)

Comte, vous ne ressemblez pas à ces courtisans dont il faut entretenir la fidélité mercenaire par des largesses de chaque jour.

RUTHWEN.

Approchez, sire ; vous allez me juger.

LE ROI.

Voyons donc..... voyons.

RUTHWEN.

(Il tire un rideau, et William paraît debout armé de toutes pièces, une large épée nue dans la main, visière baissée.)

Sire, voilà le trésor que les Ruthwen m'ont laissé.

SCÈNE VI.
WILLIAM, RUTHWEN, LE ROI.

LE ROI.

Je suis trahi. (Il recule.)

RUTHWEN.

Silence !.....

LE ROI.

Un instant !..... un seul instant !....

RUTHWEN.

Roi Jacques VI, souvenez-vous que vous avez fait assassiner mon père et mon oncle par le comte de Lennox, et que le sang versé veut du sang.

(William relève sa visière, et fait un pas vers le roi qui recule.)

Vous me demandiez le trésor des Ruthwen, roi Jacques VI ; et certes ma famille fut une famille opulente, ayant des châteaux forts et des terres, des coffres pleins d'argent et d'or, et des salles d'armes bien munies ; mais vous avez livré le sang des miens aux bourreaux, leurs richesses à vos courtisans, et vous venez me les demander maintenant. Eh bien ! voilà tout ce qu'ils m'ont laissé : le voilà !

LE ROI.

Ecoutez, milord ; écoutez un seul instant.

RUTHWEN.

Vous demandiez nos trésors, sire ? Vous devez savoir que tout homme assassiné laisse deux choses après sa mort dans le cœur de ses enfans : une haine implacable contre le meurtrier, et sur sa tombe une pierre sans nom, pour que son vengeur puisse y revenir la nuit aiguiser son poignard. Or, voici les vengeurs prêts à frapper, et les haines mortelles sont dans nos âmes. Ces trésors que les Ruthwen ont laissés, roi Jacques VI, ils sont à vous ! ils sont à vous !....

LE ROI.

Daignez m'entendre, milord.

RUTHWEN.

Pour toutes ces choses que je viens de vous dire, et pour d'autres injustices commises contre mon père ou mon aïeul, il faut que vous mouriez, sire, car la lutte entre nos deux familles dure depuis assez long-temps. Voyez-vous, il faut que tout ceci finisse.

LE ROI.

Vous ne gagnez rien à ma perte!.... Songez....

RUTHWEN.

Ah!.... je n'ai pas le temps d'entrer en discussion. Placez-vous à cette table. Ecrivez.... écrivez au commandant du château de Falklan, pour qu'il ait à remettre les clés de la forteresse à l'homme qui lui présentera votre lettre.

(Jacques VI écrit sans résister.)

Puisque je vous tiens en ma puissance, je veux à mon tour user, à mon profit, de votre autorité, comme l'ont fait vos courtisans.... Signez maintenant.

(à William.)

Vas confier cet ordre à l'un de nos plus fidèles, et reviens à l'instant.

WILLIAM.

Vous restez seul avec le roi.

RUTHWEN.

Jacques VI frémit devant une épée nue; il ne m'échappera pas. (Il dégaine son poignard).

WILLIAM.

J'entends du bruit, je crois.

RUTHWEN.

C'est le fleuve qui rugit au pied des tours, impatient qu'il est de dévorer sa proie; car vous fîtes jeter le corps de mon père à la voirie, sire, et il vous sera rendu comme vous avez fait. (William s'éloigne et sort).

Je veux encore l'ordre d'arrêter Stuart, et de l'exécuter sur l'heure. Ma vengeance serait incomplète, si elle ne frappait que vous.

(Ruthwen se penche vers la table pour dicter au roi. Stuart, d'Arran Murray et Douglas pénètrent dans la salle par une porte secrète, pratiquée dans une tour du côté de la rivière du Bay.)

SCÈNE VII.

LE ROI, RUTHWEN, STUART, D'ARRAN MURRAY, DOUGLAS.

RUTHWEN.

Et je veux que Stuart soit décapité à la même place où fut tué mon oncle..... Ecrivez comme je dicte, sire : Ordre d'arrêter Stuart.....

STUART.

(Il frappe Ruthwen sur l'épaule.)

C'est moi qui vous arrête.

LE ROI.

Stuart !.....

(Ils se précipitent tous sur Ruthwen.)

RUTHWEN.

Malédiction !..... malédiction !.....

LE ROI.

Peux-tu me sauver?

STUART.

Vos soldats entourent le château, et Macburton les introduit.

LE ROI.

Qui t'a découvert la trahison?

STUART.

Macburton. Et nous avons arraché des mains de Marie la clé de la porte qui s'ouvre sur le fleuve.

LE ROI.

Elle a voulu me perdre?

STUART.

Elle voulait le sauver.

RUTHWEN.

Oh! tuez-moi! tuez-moi !.....

LE ROI.

S'il leur échappait.... Allons rejoindre ma suite et mes soldats... Et vous, débarrassez-moi de ce misérable.

STUART.

Frappez sans retard.

(Il suit le roi qui sort de la salle.)

SCÈNE VIII

RUTWEN DÉSARMÉ, DOUGLAS, MURRAY, D'ARRAN.

D'ARRAN.

Eh bien! conspirateur, tu le vois maintenant, il suffit de peu pour faire tomber l'homme qui marche seul.

RUTHWEN.

Qui de vous m'eût aidé pour venger la noblesse avilie par le roi? Vous lui servez de valets.

MURRAY.

Quelquefois même de bourreau.

RUTHWEN.

Oh! vous ne me tuerez pas.

DOUGLAS.

Qui pourra te sauver?

RUTHWEN.

Je te dis que vous ne me tuerez pas.

MURRAY.

Nous avons promis ta tête à Jacques VI, à genoux.

RUTHWEN.

Quel que soit le prix du meurtre, je vous paierai son sang plus cher qu'il ne payait le mien.

TOUS.

Toi?

RUTHWEN.

Au lieu de mes biens qu'il vous abandonnait, je vous donnerai deux fois leur valeur; au lieu des honneurs de la cour, ceux de votre rang; au lieu des plaisirs, le pouvoir.

DOUGLAS.

Nous ne croyons pas à tes paroles.

MURRAY.

Nous ne croyons pas au trésor des Ruthwen.

(En même temps il lève son épée.)

RUTHWEN.

Jacques VI a bien cru!

D'ARRAN.

La preuve?

RUTHWEN.

La preuve!... C'est que pour acquérir ces immenses richesses il m'a livré vos personnes et vos biens.

MURRAY.

Mensonge!

RUTHWEN.

Sans doute. (donnant aux lords l'écrit du roi). Et cette signature aussi est un mensonge, n'est-ce pas?

(Ils lisent l'ordre du roi.)

DOUGLAS.

L'infâme!

D'ARRAN.

Quelle trahison!

MURRAY.

Je le reconnais là.

RUTHWEN.

Voilà l'homme que vous servez. Je lui aurais demandé votre mort qu'il me l'eût accordée sur le champ. Je voulais seulement, avant de le frapper, lui arracher une preuve de son ingratitude pour vous, et c'est vous qui le servez.

DOUGLAS.

(Il remet son épée dans le fourreau).

Je ne frapperai point cet homme.

RUTHWEN.

Qu'avez-vous fait insensés? ma perte est votre ruine. Si je reviens en Écosse, c'est pour vous que j'y reviens, pour vous tous que ces familles royales foulent à leurs pieds. Je me disais: les Murray, les Douglas, les d'Arran partageront mes peines, parce que je suis un des leurs, parce que nos pères étaient frères d'armes. Mais non. C'est Jacques VI que vous servez: un lâche qui a laissé mourir une noble reine d'Écosse, sa mère, sans la défendre ni la venger; ce sont les Stuarts: une famille qu'un caprice de femme a élevée sur le trône; Stuart, un traître qui se préparait à vous dépouiller et à vous perdre, vous; vous qui le sauvez!...

DOUGLAS.

Le misérable!...

MURRAY.

(Il tient et regarde l'ordre du roi).

En effet....

D'ARRAN.

Qui l'eût dit?...

MURRAY.

Ruthwen, voilà ton épée.

(Il lui rend son épée).

RUTHWEN.

Qu'allez-vous chercher à la cour, vous qui êtes puissans par vous-mêmes? Vous qui possédez des châteaux forts et des terres, qu'y allez-vous chercher? Savez-vous ce que c'est que vos insignes de courtisans; c'est la livrée du valet, le collier que le maître fait porter à son chien. Ah! soyez à la hauteur des noms que vous portez, nobles d'Ecosse. S'il y a un cœur enchaîné dans tes armes, Douglas, ce ne fut jamais un signe de servitude; et toi, Murray, si tu portes une épée nue dans les tiennes, cela ne veut pas dire qu'il faille être un assassin.

D'ARRAN.

Ruthwen, voilà ton poignard.

RUTHWEN.

Le moment est venu de remonter au rang que nos pères ont occupé. Que nous faut-il pour cela? de l'or? mes coffres sont pleins. Un chef? je serai le vôtre; j'ai souffert, j'ai vu, plus que vous. Des soldats? les gens de nos terres se soulèvent.

(On entend le tocsin de Perth).

Ecoutez!.... Ecoutez!.... C'est le tocsin de Perth. C'est toute une ville qui s'arme pour me défendre. Milords, il faut se décider pour Jacques VI ou pour moi.

DOUGLAS.

Que faut-il faire?

RUTHWEN.

Stuart et Jacques VI sont à deux pas d'ici.

(Il tire l'épée). Marchons!..

(A cette proposition, ils restent immobiles).

Vous hésitez, Milords; vous n'osez pas me suivre; et cependant l'heure presse. Le roi va s'échapper; on se bat, il est là. Que vous dirai-je? Vous savez tout, il faut agir. Rentrez dans vos forteresses et rassemblez vos amis et vos vassaux pour attendre l'événement; je vais lutter seul contre le roi. A nous le pouvoir s'il succombe ; si je meurs, vous vous justifierez en montrant cet écrit... Allez... allez....

DOUGLAS.

Milord, il faut nous suivre.

RUTHWEN.

Abandonner les braves gens qui se font tuer pour moi ; jamais.

(Il va pour sortir et s'arrête tout-à-coup).

Voici Stuart !...

D'ARRAN.

Stuart !...

DOUGLAS.

Il ne m'échappera pas.

RUTHWEN.

Silence.... A moi de condamner le traître, Milords ; à vous de le frapper...

SCENE IX.

STUART, les précédens.

STUART.

Que vois-je ?.. il n'est pas désarmé, il vit encore ?..

RUTHWEN.

Stuart !... je te l'avais bien dit que je revenais en Ecosse pour venger sur toi la mort de mon père !... Emparez-vous de cet homme, milords.

(d'Arran, Douglas et Murray se saisissent de Stuart).

STUART.

Trahison !... trahison !...

RUTHWEN.

Il y a dix ans, qu'un Stuart fit mourir un Ruthwen. Je m'en suis souvenu... Qu'il meure devant le portrait de mon père ; là... frappez, là... (Les lords frappent Stuart sous le portrait d'un Ruthwen).

STUART.

Ah !....

RUTHWEN.

Et maintenant, jettez le cadavre au fleuve.

(Ils emportent le corps de Stuart).

SCÈNE X.

RUTHWEN, MARIE, Ecossais.

RUTHWEN.

Enfin la lutte va commencer, grande et terrible ; telle que je l'ai souhaitée. L'avenir s'ouvre brillant de dangers et de gloire. Je vais briser un trône pour vous venger, mes pères. Sortez donc de vos tombes et venez voir comment je sais me battre contre un roi.

(Les Ecossais de Govrie entrent par la porte de la ferme, armés de hâches et d'épées).

A moi, mes braves Ecossais, à moi, nous allons punir Jacques VI.

(Il sort par la porte du fond, tous les Ecossais le suivent. Marie qui vient après eux, paraît et s'arrête aussitôt).

MARIE.

Je les ai conduits jusqu'ici. Le comte vit encore, ils pourront le défendre... Lord Stuart et ses complices m'ont accablée de mauvais traitemens pour avoir la clé de cette porte.. Ah !... je n'ai pas la force d'aller plus loin.

(Elle tombe sur un siège).

SCÈNE XI.

MACBURTON, MARIE.

MACBURTON.

(Il entre par une porte de gauche).

Ah !... par où me sauver ?... Je ne suis pas né pour ces luttes sanglantes.... Vous en ces lieux, Marie ? qu'y venez-vous chercher ?...

MARIE.

Le comte.

MACBURTON.

On s'égorge dans les cours et les salles du château... sortons d'ici. Le roi d'Ecosse me charge de veiller sur vous, il vous conjure de fuir le danger.

MARIE.

Parlez-moi du comte. Est-il le plus fort ? est-il sauvé ?

MACBURTON.

Le comte vous trahit et vous l'aimez.

MARIE.

Il est toujours mon maître.

MACBURTON.

Il vous a chassée de sa présence.... sortons.

MARIE.

Il est malheureux.

(On entend des cris de victoire).

MACBURTON.

Pour qui sont ces cris de victoire ?

MARIE.

Je tremble... protégez le comte, mon Dieu !...

MACBURTON.

Dans l'incertitude, je me sauve.

(Il sort par la porte de la ferme, à droite).

SCENE XII.

MARIE, WILLIAM.

MARIE.

(Elle fait effort pour se lever et aller vers le comte).

Si je pouvais me traîner jusqu'à lui pour le défendre ou mourir... William !

WILLIAM.

(Il entre par la porte du fond, les vêtemens teints de sang, une épée brisée dans la main).

Viens... viens Marie, le comte est impatient de te voir.

MARIE.

Le comte!... il est sauvé?...

WILLIAM.

Il est vainqueur et le roi fuit... Viens...

MARIE.

William!... j'étais venue pour mourir avec lui; mais puisqu'il est sauvé, je m'éloigne... Milord en aime une autre....

WILLIAM.

Ne dis pas cela. Il n'a jamais cessé de t'aimer, et c'est pour se venger du roi qu'il feignait de te haïr.

MARIE.

William!.... soutenez-moi... conduisez-moi vers lui.... Oh! je n'ai plus de douleur; non, je n'ai rien souffert...

WILLIAM.

Viens ma fille. Hâtons-nous.

MARIE.

William!... vous pleurez.

WILLIAM.

Le comte nous attend.

MARIE.

Que fait le comte?

WILLIAM.

Ah! pressons-nous.

MARIE.

Pourquoi?

WILLIAM.

Marie... le comte veut t'embrasser avant que de mourir.

MARIE.

Mourir... il m'aime et il va mourir!

(La porte du fond s'ouvre, le comte, entouré d'Écossais, est porté dans un fauteuil. Il est mourant).

SCÈNE XIII.

MARIE, WILLIAM, RUTHWEN, Les Ecossais.

RUTHWEN.

(Il tend la main à Marie).

Marie!... Marie!

MARIE.

(Elle va tomber à ses pieds).

Comte, tu ne mourras pas seul.

RUTHWEN.

William, je te la confie,...

(William se penche sur Ruthwen qui expire).

WILLIAM.

Ecossais du clan de Gowrie, le dernier des Ruthwen est mort!... Si jamais un favori de Jacques VI osait habiter ce château, il vous conjure d'y mettre le feu, de le détruire jusque dans ses fondemens, plutôt que de souffrir cet affront.

Telle est sa dernière volonté: y serez-vous fidèles?

TOUS LES ECOSSAIS.

Nous le jurons.

www.ingramcontent.com/pod-product-compliance
Lightning Source LLC
Chambersburg PA
CBHW060615050426
42451CB00012B/2257